AF607090
AVERSO

AQUÍ Y AHORA

DAGMARA OLE

Número 25 de la Colección **PERVERSA**

Aquí y ahora

Edición al cuidado de Averso Poesía
www.aversopoesia.com

hola@aversopoesia.com

Primera edición: enero de 2024
ISBN: 978-84-10027-17-6
Depósito Legal: GR 52-2024

Impreso en España - *Printed in Spain*

El papel utilizado para la impresión de este libro está calificado como papel ecológico y procede de bosques gestionados de manera sostenible.

AQUÍ Y AHORA

DAGMARA OLE

A Christian, my partner in crime

I
anhelos

La vida juega en la plaza
con el ser que nunca fui

y aquí estoy

baila pensamiento
en la cuerda de mi sonrisa

«La de los ojos abiertos».
Alejandra Pizarnik.

1.

Estaba enamorada de anhelo
consistió en él
consistió en los jirones, en los fragmentos,
nunca vivió aquí,
nunca vivió ahora.
Su sangre era un río,
un arroyo de montaña.
Toda la suciedad del mundo fluyó en su sangre,
recolectaba todo,
probaba todo,
acumulaba basura.
La dirigieron desde adentro,
ni siquiera lo notó,
siempre estaba en un lugar diferente.
Los caminos de su corazón, mente y cuerpo
nunca se cruzaron,
no la verás aquí
ni allí,
ni en ningún lado.

2.

¿Qué extrañas tanto, niña?
¿Extrañas que te ame alguien?
¿Extrañas saber quererte a ti misma?
¿O tal vez solo quieres que alguien te vea?
Hace mucho tiempo desde que lloró así.
Hace mucho tiempo desde que no se permitía
 una debilidad.
Hace mucho tiempo desde que no se había atrevido
 a ser ella misma.
Está tumbada en el suelo
porque no tiene coraje para vivir,
es tan fácil despreciar,
es tan fácil ser vulgar,
es tan fácil esconderse detrás de la ironía,
es tan fácil emborracharse hasta la pérdida
 de la conciencia
y es tan fácil entretenerse hasta que mueras.
Y todo eso por el miedo,
miedo de ser ella misma, miedo de amar
en este carrusel emocional. Solo quiere
encontrar el silencio, encontrar un hogar.

3.

Si fuera posible esconderse allí,
esconderse de la realidad,
existir así para siempre,
sumergirse en el cielo, en los árboles, en el sol,
derretirse en ellos
y nada más, solo existir
en un olor árido,
en los rayos cegadores,
en un abrazo con un árbol solitario en el parque
    de las siete tetas,
en el cielo azul, que sonaba como las olas del mar.
No le gustaba estar sola
pero le gustaban esas mañanas solitarias,
la prisa entrelazada con la lentitud.
Le gustaba oír por casualidad qué está hablando
    la gente por las calles,
le gustaba toparse con extraños, a los que nunca
    volverá a ver.
Sintió que solo allí puede ser ella misma.
Esa ciudad le daba todo: destrucción
    y un nuevo comienzo.

4.

El olor de una chaqueta de cuero,
tu olor encantado en ella
y una niña abrazándola durante horas, días, semanas,
incluso entonces consistió en el anhelo.
Tú fuiste su primer anhelo,
esos momentos cuando te tuvo,
esos momentos cuando la arropabas para dormir,
esos momentos cuando pensó que ibas a estar allí
para siempre.
Fuiste el primer hombre que amó
y el primer hombre que la abandonó.
Podría odiarte,
a veces lo hacía,
quiso olvidarte
pero no pudo,
fuiste su fundamento.
¿Hay límites en el corazón?
Después de todos estos años, solo quiso oír:
«perdóname, siempre te amé».

5.

Es tu culpa.
Ese jodido anhelo,
esa mierda en su cabeza,
ese burdel en su corazón…
Chupó la autodestrucción de tus tetas,
quería ser todo menos tú,
intentaba escapar de ti, escapar de ella misma,
perseguía tu sombra,
tú eres su maldición
porque ella es como tú.
Primero tú, luego él, la abandonasteis.
Ahora solo sabe extrañar,
ahora ella abandona,
ahora ella hace daño.
Sola, independiente, una loba
sin raíces, sin ataduras, sin hogar.
La abandonaste por esa ciudad,
al final ella también se enamoró de Madrid,
¿tal vez para encontrarte?

6.

Pone su mano sobre su cuello, estremecimiento.
Besa sus labios, estremecimiento.
La hace suya, estremecimiento.
Emociones.
Cuanto más, mejor.
Cuanto más fuertes, mejor.
Cuanto más destructivas, mejor.
Tiro dorado.

7.

¿Por qué te extraña?
No la conoces
ni ella te conoce a ti,
es solo una etapa,
pasará en un abrir y cerrar de ojos.
Olvidar es un proceso.
Primero desapareció el recuerdo de tu voz,
tu sonrisa se hizo más pálida
y tus ojos se hicieron más tristes.
Ella todavía recordaba el tacto de tu piel,
es una tontería
extrañar lo imposible,
extrañar lo desconocido,
extrañar lo peligroso,
pero sin embargo te extrañaba, aunque quería olvidarte.
No puede deshacerse de las canciones
en su cabeza, en su corazón,
las escucha una y otra vez
y aunque está atrapada en el silencio,
las canciones hablan por ella, recuerdan por ella.

8.

Ya no puede mirar el dolor en tus ojos,
dolor que ella misma te causa.
¿Cómo se llama ese sentimiento?
Cuando el amor se apaga
pero no desaparece y no puedes dar la vuelta.
La conoció como nadie,
conoce todos sus sueños y sus pesadillas.
Incluso cuando no decía nada,
incluso cuando miraba hacia otro lado
él pudo leerla como un libro.
Cuando le conoció era una niña asustada,
se escondía del mundo.
Él le dio fuerza y se convirtió en su confianza.
Puede ser que siga siendo la misma niña,
pero ya sabe engañarse a ella misma y a los demás.
Ama tus ojos, ama tus pecas, ama tu nariz,
ama tu pelo desaliñado, ama tus enormes pies,
ama tus brazos y tu sonrisa.
Te ama. Te amó. Siempre te amará.

9.

Anhelo quemaba la sangre en sus venas,
el vino que vertió en sí misma
fluyó como una lava caliente.
Las emociones
cuanto más destructivas, mejor.
Consistió en anhelo,
pero, ¿qué es lo que extrañaba?
Ahora, cuando tiene lo que quería,
ahora, cuando cumplió su sueño,
ahora, cuando está aquí y ahora,
ojos, labios, olor, piel
le quitaban la respiración.
Memoria corporal.
Podría olvidar,
podría vivir normal,
incluso podría ser feliz,
pero el cuerpo no olvida.

II
amor perdido

Y brindemos, por qué no.
Por todos aquellos que nos prometieron estar aquí siempre
y después un día se fueron.

«¡Salud!».
Alejandra G. Remón.

10.

Encontré un hogar, tú lo eres.
Tu cuerpo establece los marcos de mi mundo
aunque estoy atrapada en una realidad distinta,
estoy aquí y ahora.
Respiro con el olor de tu piel,
me derrito en tus ojos
y aunque puedo parecer que soy un signo de paz,
mi corazón está hirviendo, en cualquier momento
podría explotar.
Nunca me imaginé que pudiera amar tanto,
nunca me sentí así,
nunca me reí así.
Quiero dormirme y despertarme a tu lado
todos los días de mi vida.
Cuando estoy lejos de ti, mi respiración se vuelve
superficial,
mis ojos ya no brillan, mi risa no se oye desde lejos,
así que me escondo en tu jersey, para sentirte un poco,
para sobrevivir.

11.

Cuerpo abandonado,
todavía se pueden ver los caminos
tallados por tus manos.
No te veo solo un día
y ya están creciendo hierbas malas.
Llena de dudas
siento que tus huellas se van desvaneciendo,
estoy perdida en mí misma,
caos, desorden, sobresaturación,
eso es lo que soy,
soy como un rompecabezas disperso en una caja
en el que la imagen está borrosa
pero sé que tú puedes recrearla.

12.

A veces siento un vacío,
abro los ojos, miro a mi alrededor,
observo a las paredes,
identifico mis piernas, manos y ojos
como partes de mi cuerpo,
no existe nada más,
permanezco en este cansancio,
permanezco en este silencio sordo
y soy una mirada,
mirada sin sentido,
soy una existencia
presente,
pero, ¿para qué?

13.

Mientras
de momento
no aquí,
no allí,
no ahora,
no después,
no por la mañana,
no por la tarde,
no por la noche,
a la madrugada
estoy yo.

14.

Tu indiferencia me mata,
me pone furiosa,
me hace dolor.
No eres culpable de mi depresión, no,
pero sí, eres culpable del dolor que me hiciste.
¿De verdad fui tan poca cosa para ti?
Me pregunto cada día,
¿cómo puedo seguir amándote?
Con todo el dolor,
con todas las mentiras,
con todos mis sueños que mataste.
Y sigo, amándote.
Y sigo, muerta.
Y sigo,
pero ojalá
todo eso
termine
cuanto antes.

15.

Peli - grosa.
Peli - roja.
Peli - de gloria.
Y peli - de dolor,
sobre todo, de dolor.
Soy una chica
de Almodóvar
al borde de un ataque
de nervios,
amistad, ansiedad,
demasiado drama,
demasiada intensidad,
demasiado desastre,
demasiado de todo.
Solo me faltas tú
y así tengo - nada,
y así soy - nadie,
y así…

16.

Resumen de la realidad:
tú no estás,
probablemente yo tampoco estoy,
el mundo funciona sin cambios
paso a paso,
día tras día.
Estoy conociendo la soledad,
acepto los hechos:
no estamos.
Aún te amo.
El tiempo matará el dolor
pero no borrará la memoria.
Hoy extrañé tu cuerpo,
¿recuerdas?
Dijiste que
la piel tiene memoria.

17.

Soy un desastre:
histérica,
despistada,
autodestructiva,
escribo poemas
en notas de mi iPhone.
No sé vivir.
No sé seguir.

18.

No me *fucking* importa
tu vida llena de mentira,
tus agobios,
tus dudas de niñato.
No me *fucking* importa
que ya no estás para mí,
que me rompiste el corazón,
que mataste todo dentro de mí.
No me *fucking* importa
que te fuiste para buscar aventura,
que hoy duermes con ella,
que te incomodo.
No me *fucking* importa
la felicidad que me diste,
que mi piel te echa de menos,
que tienes los ojos más bonitos en el mundo.
No me *fucking* importa
que llevo semanas borracha,
que se me va la cabeza,
que tengo escalofríos,
que mis manos tiemblan,
que siempre voy a amarte.

19.

Temblando,
con falta de aire,
lo único que oigo es
tictac tictac tictac.
Las horas pasan,
los días pasan,
me estoy ahogando,
tengo miedo.
Perdida,
me despido
de nadie.

20.

Ardo,
ardo por ti,
en el infierno nos veremos.
Madrid me mata
pero amo a este dolor,
mátame aún más
porque si tengo que morirme,
moriré por este amor,
moriré aquí
en tus llamas.

21.

Estoy pensando,
¿sí lo sabes?
Yo no lo sabía.
Estoy pensando
si tú también,
probablemente no.

22.

Sueños perdidos y sueños pasados,
no es por ti,
es por las sandías
que no cultivaremos,
es por El Camino de Santiago
que no haremos,
es por el concierto de Rozalén
que no veremos,
es por el perrete
al que no daremos un hogar,
es por la playa
donde no follaremos
y también,
por el guacamole,
por el gazpacho,
por las tostadas con tomate,
por las películas,
por bailar en la calle,
por los paseos,
por hacer compra,
por los chupitos,
por cocinar y por comer,
por dormir y por despertarse,
y sobre todo por mí,
porque ya no existo.

23.

Horas, días, semanas,
ya se convierten en meses.
No busco tu presencia
ahora tu presencia me persigue.
Te hablo en silencio
y cuando cierro mis ojos
te siento detrás de mí.
Siento tu piel, tu brazo agarrándome fuerte,
me doy la vuelta y casi puedo olerte,
estiro mi mano para tocarte,
abro mis ojos
y me entero de que no estás aquí,
es una sombra, es tu sombra que llevo en mí,
ahora es el dolor que me agarra fuerte cada día,
ahora no estoy ni aquí, ni ahora.

24.

Estoy pensando
quién es ese hombre
que hace unos meses
fue toda mi vida, mi amor, mi sentido,
quién es ese chico
que parece tan cercano y alejado a la vez,
de quién son esos ojos
tan bien conocidos,
de quién es esa voz
que tantas veces me decía «te quiero»,
de quién son esas manos
que tocaban mi pelo tantas veces,
de quién son estos labios
que me besaban.
¿Quién eres?
Eres un periodista y alto,
eres un hijo, un hermano, un extremeño, eres un chico,
eres todo y nada a la vez,
eres un amor perdido.

25.

¿Quién soy yo?
Estoy desaparecida,
no estoy,
no soy tuya.
¿Quién soy entonces?
Soy una polaca, soy una chica, una periodista,
    una pelirroja,
nosotros no somos nada,
no hay un plural,
se me cerró el estómago
al verte hablar, al escucharte,
se me cerró todo mi cuerpo,
soy como una tortuga que se esconde,
otra vez me falta el aire.

26.

Me pondré de pie, no puedo,
mis pulmones, mi intestino, mi estómago están llenos
    de piedras,
solía llevarlas en mis bolsillos.
El sol, el viento, las hojas de los árboles, el sonido
    del mar,
mis ojos brillaban con la belleza del mundo,
hoy son nebulosas con el blanco de cuatro paredes.
Perdoné, alguien tiene una grúa
que levantará este cuerpo que pesa exactamente
    lo mismo
que un amor perdido.
¿Dónde está la ligereza de los días de verano?
¿El duro invierno la congeló?
Tengo frío.
Tengo frío.
Me pondré de pie, no puedo,
¿solo es un sueño de invierno?

III
dolor y gloria

Las noches que coinciden varios dolores,
esas noches creo en Dios y le rezo.
Los días que padezco un solo dolor soy ateo.

«Dolor y gloria».
Pedro Almodóvar.

27.

Voy a aceptar la realidad, hoy mismo
voy a aceptar quién soy,
voy a aceptar qué siento.
Sí, soy exagerada.
Sí, soy dramática.
Sí, soy histérica.
Sí, soy impaciente.
Sí, quiero lo imposible.
Sí, quiero lo difícil.
Sí, amo.
Sí, echo de menos.
Sí, soy un bicho.
Sí, soy terca.
Sí, soy llorona.
Sí, soy insoportable.
Sí, me ilusiono demasiado fácil.
Sí, soy ingenua.
Sí, soy un desastre.
Sí, me dejo llevar.
Sí, soy miedosa.
Sí, soy un demasiado.
Hoy se acaba la guerra conmigo misma.
Esa soy yo
y en realidad no quiero ser otra.
Puede ser que el dolor que siento se irá pronto
o se quedará conmigo para siempre.
Puede ser que ese vacío que me acompaña
no se va a llenar

y no pasa nada,
lo acepto.
Ya no voy a gastar la energía para matar mis
sentimientos,
ahora voy a vivir acompañada por el dolor y el vacío
pero voy a vivir, así como soy, a pesar de todo.

28.

A veces
cuando tengo mucho frío,
los recuerdos vuelven
y quiero hacer algo,
al menos decir algo,
pero al final me muerdo la lengua,
cierro los ojos y espero que vuelvan
los días de verano.

29.

Cuando se cruzan
las calles,
cuando se cruzan
los caminos,
cuando se cruzan
los mundos,
cuando se cruzan
las personas,
en ese momento
tan frágil
que tarda
un segundo,
pasa todo
y nada a la vez,
somos etapas.

30.

El amor. Tampoco es para tanto.
Un sentimiento más básico, más primitivo.
Necesidad del amor es definición de debilidad,
algo para los pobres,
para mendigos.
Nosotros, los inteligentes,
somos independientes,
somos nuestro propio placer,
podemos con todo nosotros solos,
nos masturbamos con nuestros *selfies*,
nos pone el número de nuestros seguidores,
mucho más fácil,
menos agobio,
menos rayadas,
follamos
y en seguida lo olvidamos.

31.

A la vida le gusta ser malvada,
le gusta tontear con nosotros,
le gusta vacilarnos.
Cuando nos parece que lo tenemos todo
entra ella, la vida, con su sonrisita
y nos mira como a unos niños pequeños
y parece que está diciendo:
«ay, mis niños tan ingenuos».
Somos como un huevo frito perfecto
pero a ella le apetecen unos huevos revueltos.
Y ahora, mírame,
mírame, cuando vuelvo a casa
y no me espera nadie
me dice ella:
«es para que te enfrentes a tus peores miedos».
Y ahora, mírame,
mira a mi corazón de piedra
y me dice ella:
«quién te dijo que te lo voy a dar para siempre».
Y ahora, mírame.

32.

Es un fracaso de la humanidad,
yo soy un fracaso.
El amor sustituyó con compras,
mi corazón de piedra me pide cosas,
más cosas,
ahora mis amores son
los bolsos de bimba y lola,
los tacones de dior
y los vestidos de prada.
Amor propio insalubre,
¿amar a una persona...?
No, demasiado complicado,
no puedo enamorarme
o, mejor dicho,
no me sale del coño enamorarme.
Juanma, Francisco, Pablo,
los veo como unos objetos que me dan placer,
no me entendáis mal, sois majos,
pero yo soy una consumista,
sigo amando el cielo, los árboles, el mar...
todavía queda algo humano en mí
pero lo confieso, soy una fraude,
escribo poemas, aunque no siento nada,
nada de nada.

El dolor quema
y el fuego purifica,
no me entendáis mal,
no me quejo, estoy bien así,
hice mis deberes.

33.

Terminé hecha una mierda.
Pensaba que todo puede volver a la
normalidad, nueva normalidad,
pero no puede.
Estoy rota,
para funcionar
necesito una costura
pero los hilos son muy débiles,
entonces nunca dejaré
de coserme, una y otra vez
las noches en vela,
los nervios al borde,
eso sí,
tenemos nuestro siempre.

34.

Soy un arroyo
salvaje,
soy una tormenta
intensa,
soy un relámpago
agudo,
soy como el viento,
variable,
soy como las hojas cayéndose,
caótica.
Tú eres como la raíz de un árbol,
estable,
eres como un lago,
tranquilo,
eres como la montaña,
firme,
eres como el sol,
alegre,
eres como el aire.
Me llenas,
te necesito,
eres mi todo.

35.

Hacerse una persona,
hacerse mayor,
¿qué significa?
Es una asignatura
de la profesora soledad,
creía que ya la aprobé
pero entonces, ¿por qué
lloro cuando me abrazas?
Ahora solo espero lo malo,
en cada esquina veo un desastre,
me pongo histérica
cuando pienso en perder mi
pequeña estabilidad.
No soy lo que ves en Instagram,
no soy lo que te digo que soy.
Quiero que me veas,
que me veas de verdad,
pero he perdido la llave
y tengo miedo de encontrarla.
Sí, estoy loca,
pero tu mano me tranquiliza,
entonces no te vayas, ¿vale?

36.

Y vienen, sin invitación
los espíritus del año pasado.
¿Y dónde están los del presente, los del futuro?
Nunca llegan,
solo los del pasado, siempre,
siempre los del pasado
y el siempre...
¿no debería estar al lado del futuro?
No, mi siempre es del pasado,
en mis venas, en vez de sangre corre nostalgia
el siempre, que te prometí, no fue mentira
y por eso ahora me persigue y se convierte en
mi pasado, mi presente y mi futuro.

37.

Como si no tuviera corazón
no llego a sincerarme contigo,
ni conmigo misma incluso.
Hay diferentes verdades,
verdades del corazón,
verdades de la mente,
verdades a las que queremos creer,
verdades imaginarias
y verdades que nos dejan seguir.
Solo en mis sueños todos estos filtros caen,
allí estoy yo, siempre a la madrugada,
en mis sueños reina la muerte,
mueren todos los que están cerca de mí,
los que me importan,
los que ya estaban olvidados,
y yo sigo con vida, pero
más muerta que todos los muertos.

38.

Un segundo,
pura felicidad,
un abrir y cerrar de ojos,
tú y yo,
muchos meses,
terapia y pastillas,
sinfín de horas,
esclavitud moderna,
pocas cosas,
árboles y cielo,
unas pocas más,
mar y sol.
Estamos aquí
tú y yo,
donde el mar
estuvimos. Tú y yo
para a(mar).

39.

Querida Dolores,
ya nos conocemos muy bien.
¿Sabes?, es una pena,
dolor nos cambia,
nos quema, mata toda la vida
y convierte todo en cenizas,
al final, lo único que esperas es dolor.
Miedo y ansiedad
te vigilan,
un movimiento inseguro
y te pillan,
¿eso puede tener un
final feliz?

40.

Querida Dolores,
tenías razón
tenemos que cerrar la barraca,
las cosas se pusieron feas,
el cliente no quiso pagar su pedido
aunque dijo que el producto
era una maravilla,
incluso pensaba financiarlo,
lo que sucedió es que
el cliente cree que
no se merece
un producto de tanta calidad,
no sé si intentaremos
reabrir.

41.

Querida Dolores,
me acostumbré a tu presencia,
eres tan silenciosa,
tan atenta,
pero al loro, mi preciosa amiga,
tienes que saber que
últimamente se me cae todo,
ya no me quedan vasos.
Desde la madrugada hasta la noche
solo se oye el vidrio cayéndose,
ya ves, no me queda mucho tiempo,
aprovecho estos días para acostumbrarme,
me llena el sol de agosto
y el viento con un toque de otoño
que mueve las hojas en los árboles.
El último respiro profundo,
el último verano
en silencio.

42.

Querida Dolores,
con el paso del tiempo
cada día me pareces más y más agradable,
aunque no estés a mi lado
y no pueda oír tu voz
ni sentir el tacto de tu mano siempre fría.
Siento que sigues conmigo,
sigo oyendo el eco de tus palabras
y sabes cuánto me costó
entender y aceptar tus consejos,
pero después de todo ese tiempo,
no sé ni cómo ni cuándo
pero de repente me enteré
de que empecé a hacer la ensalada
de media *mozzarella*.

43.

Me dicen: déjate llevar,
vive tu vida, que es corta,
carpe diem, mañana no existe
solo cuenta aquí y ahora,
nuestra vida son dos días
un abrir y cerrar de ojos.
¿No sabéis que esa es mi mayor
tentación?
Es lo que quiero, esa es mi
pura naturaleza,
es mi lado salvaje y a la vez oscuro.
¡Al límite!
¡Al borde!
¡Hasta el infinito y más allá!
Pero también soy un desastre
y un caos impredecible.
Ay, cómo me gusta dejarme llevar,
dejar que mi locura me lleve
a lo desconocido, a lo nuevo,
¡más emociones!
¡Lo quiero todo y lo quiero ya!
Vamos a jugar,
vamos a subir al tío vivo,
¡vamos a gritar, a bailar, a cantar!
Y vamos a morir.

AGRADECIMIENTOS

Podría dar las gracias tan fácilmente a todos mis amigos y familiares que siempre están a mi lado cuando los necesito. Sin embargo, me gustaría destacar a algunos de ellos. Gracias a mis abuelas, Henia y Edzia, por ser las primeras en quererme incondicionalmente. Agradezco a Ana, Laura y Manolo por creer en mí siempre y levantarme cuando caigo una y otra vez. También doy las gracias a Przemek por todas las mudanzas y por aguantarme a pesar del carácter tan malo que tenemos los dos. Le agradezco a Mateusz, que fue el primero en ver en mí a una escritora. A Karia y Bala les doy las gracias por estar a mi lado en uno de los momentos más difíciles de mi vida. También a mis amigas Zosia y Katya, que no se cansan de escuchar mis infinitas quejas sobre la vida.

Sobre todo, gracias a Christian, que es mi parque de atracciones favorito donde se cumplen todos los sueños.

De niña era muy tímida y solía esconderme siempre en la última fila, pero en mi camino hubo varias personas que me sacaron de allí y me colocaron en el escenario. Agradezco a mis profesoras de lengua por darme la voz.

A mi mamá y mi papá porque fueron mis primeros anhelos y a Rubén por ser mi amor perdido.

Gracias a todos los que habéis pasado por mi vida, porque cada uno de ustedes me ha hecho la persona que soy aquí y ahora.

ÍNDICE

Este libro se terminó de editar en Granada
en enero de 2024 por

www.aversopoesia.com
hola@aversopoesia.com